school - kool	2
travel - reisimine	5
transport - transport	8
city - linn	10
landscape - maastik	14
restaurant - restoran	17
supermarket - supermarket	20
drinks - joogid	22
food - toit	23
farm - talu	27
house - maja	31
living room - elutuba	33
kitchen - köök	35
bathroom - vannituba	38
kids room - lastetuba	42
clothing - riietus	44
office - kontor	49
economy - majandus	51
occupations - ametid	53
tools - tööriistad	56
musical instruments - pillid	57
zoo - loomaaed	59
sports - sport	62
activities - tegevused	63
family - perekond	67
body - keha	68
hospital - haigla	72
emergency - hädaolukord	76
earth - Maa	77
clock - kell	79
week - nädal	80
year - aasta	81
shapes - kujundid	83
colors - värvid	84
opposites - vastandid	85
numbers - numbrid	88
languages - keeled	90
who / what / how - kes / mis / kuidas	91
where - kus	92

AF188372

Impressum
Verlag: BABADADA GmbH, Nedderfeld 112 , 22529 Hamburg
Geschäftsführer / Verlagsleitung: Harald Hof
Druck: Books on Demand GmbH, In de Tarpen 42, 22848 Norderstedt

Imprint
Publisher: BABADADA GmbH, Nedderfeld 112 , 22529 Hamburg, Germany
Managing Director / Publishing direction: Harald Hof
Print: Books on Demand GmbH, In de Tarpen 42, 22848 Norderstedt

school

kool

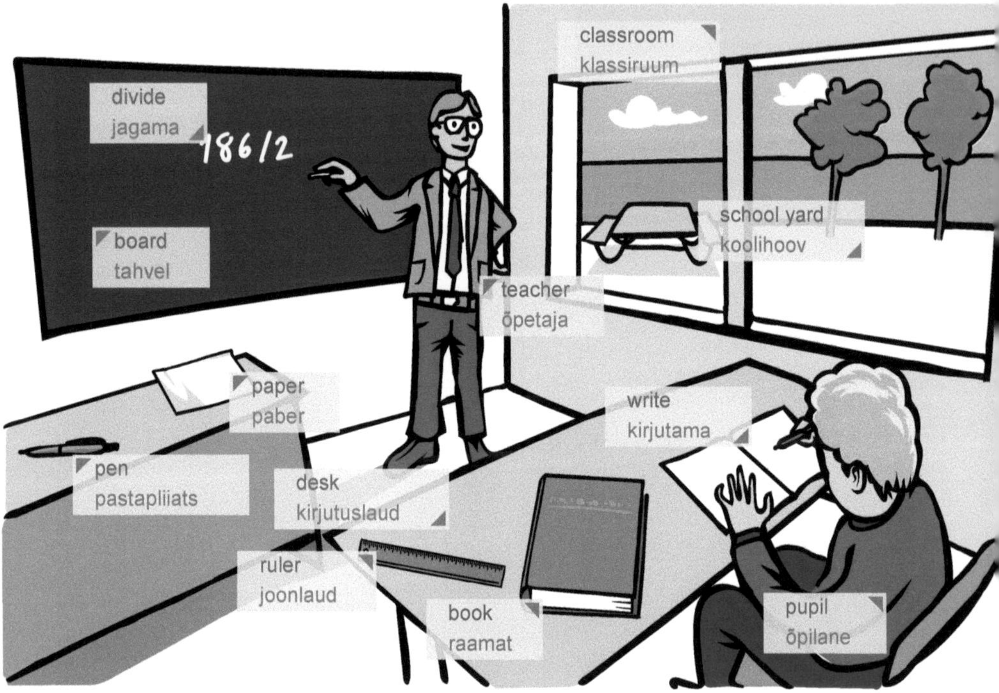
classroom
klassiruum
divide
jagama
186/2
board
tahvel
school yard
koolihoov
teacher
õpetaja
paper
paber
write
kirjutama
pen
pastapliiats
desk
kirjutuslaud
ruler
joonlaud
book
raamat
pupil
õpilane

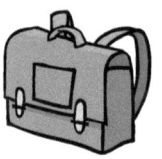

satchel

koolikott

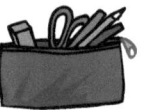

pencil case

pinal

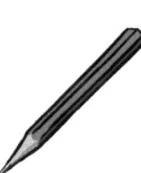

pencil

harilik pliiats

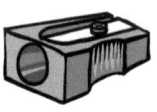

pencil sharpener

pliiatsiteritaja

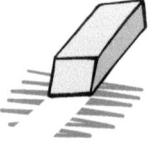

rubber

kustukumm

drawing pad

joonistusplokk

drawing

joonistus

paintbrush

pintsel

paint box

värvikarp

scissors

käärid

glue

liim

exercise book

töövihik

homework

kodutöö

number

number

add

liitma

subtract

lahutama

multiply

korrutama

calculate

arvutama

letter

täht

alphabet

tähestik

word

sõna

text
....
tekst

read
....
lugema

chalk
....
kriit

lesson
....
koolitund

register
....
klassipäevik

examination
....
eksam

certificate
....
tunnistus

school uniform
....
koolivorm

education
....
haridus

encyclopedia
....
entsüklopeedia

university
....
ülikool

microscope
....
mikroskoop

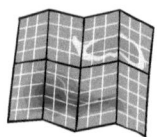

map
....
kaart

waste-paper basket
....
paberikorv

hotel
hotell

hostel
hostel

currency exchange office
valuutavahetuspunkt

car
auto

ROOMS

EXCHANGE

Grand

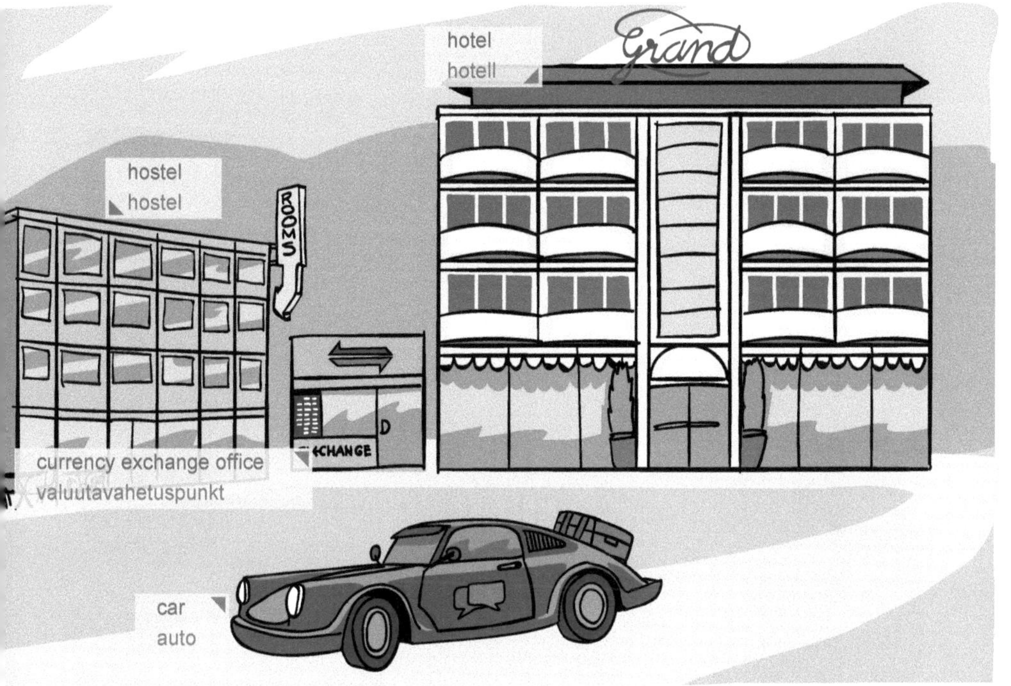

language
keel

yes / no
jah / ei

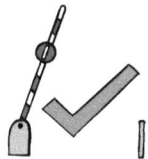

Okay
okei

hello
Tere!

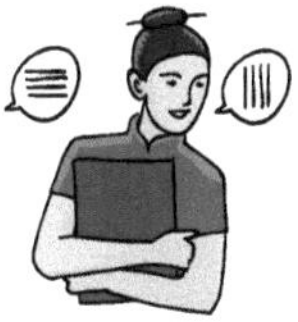

translator
tõlk

Thank you
Aitäh!

how much is...?

Kui palju maksab ...?

I don´t get it

Ma ei saa aru

problem

probleem

Good evening!

Tere õhtust!

Good morning!

Tere hommikust!

Good night!

Head ööd!

goodbye

Head aega!

direction

suund

luggage

pagas

bag

kott

backpack

seljakott

guest

külaline

room

tuba

sleeping bag

magamiskott

tent

telk

tourist information

turismiinfo

beach

rand

credit card

krediitkaart

breakfast

hommikusöök

lunch

lõunasöök

dinner

õhtusöök

Ticket

pilet

elevator

lift

stamp

postmark

border

riigipiir

customs

toll

embassy

saatkond

visa

viisa

passport

pass

transport
transport

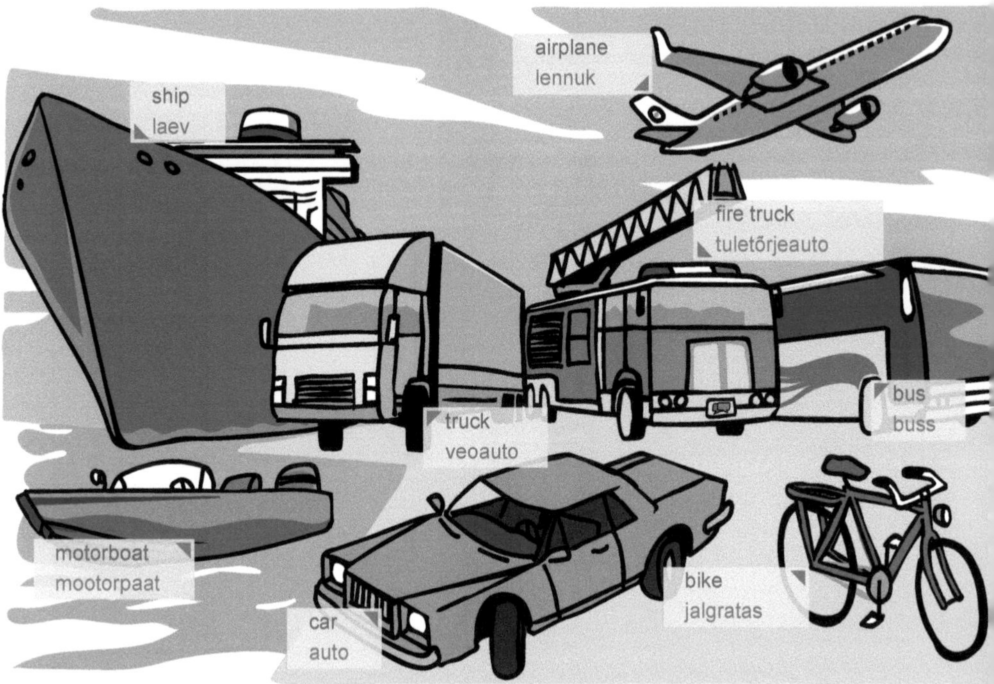
airplane
lennuk
ship
laev
fire truck
tuletőrjeauto
bus
buss
truck
veoauto
motorboat
mootorpaat
bike
jalgratas
car
auto

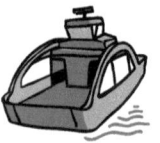

ferry
praam

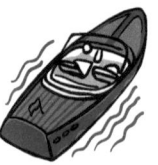

boat
paat

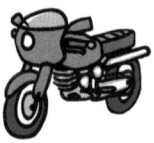

motorbike
mootorratas

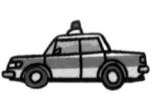

police car
politseiauto

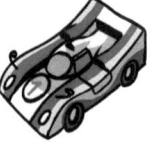

racing car
võidusõiduauto

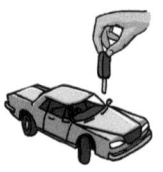

rental car
rendiauto

car sharing

ühisauto

tow truck

puksiirauto

garbage truck

prügiauto

engine

mootor

fuel

kütus

fuel station

tankla

traffic sign

liiklusmärk

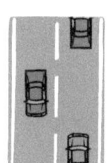

traffic

liiklus

traffic jam

liiklusummik

parking lot

parkla

train station

raudteejaam

tracks

rööpad

train

rong

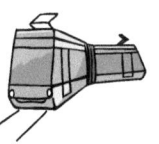

tram

tramm

wagon

vagun

helicopter

helikopter

airport

lennujaam

tower

torn

passenger

reisija

container

konteiner

carton

pappkast

cart

käru

basket

korv

take off / land

õhku tõusma / maanduma

city

linn

village

küla

city center

kesklinn

house

maja

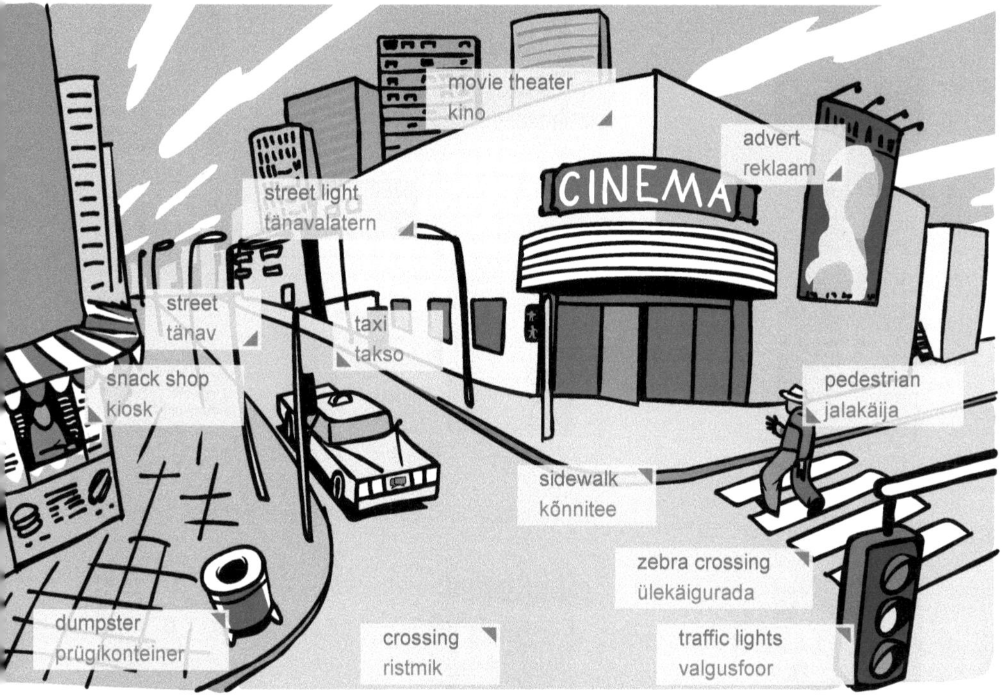

movie theater
kino

advert
reklaam

street light
tänavalatern

CINEMA

street
tänav

taxi
takso

snack shop
kiosk

pedestrian
jalakäija

sidewalk
kõnnitee

zebra crossing
ülekäigurada

dumpster
prügikonteiner

crossing
ristmik

traffic lights
valgusfoor

hut
osmik

apartment
kortermaja

train station
raudteejaam

city hall
raekoda

museum
muuseum

school
kool

university

ülikool

bank

pank

hospital

haigla

hotel

hotell

pharmacy

apteek

office

kontor

book shop

raamatupood

shop

kauplus

flower shop

lillepood

supermarket

supermarket

market

turg

department store

kaubamaja

fishmonger's shop

kalapood

mall

kaubanduskeskus

harbor

sadam

park

park

bench

pink

bridge

sild

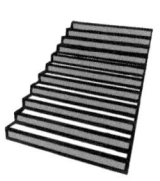

stairs

trepp

subway

metroo

tunnel

tunnel

bus stop

bussipeatus

bar

baar

restaurant

restoran

postbox

postkast

street sign

tänavasilt

parking meter

parkimisautomaat

zoo

loomaaed

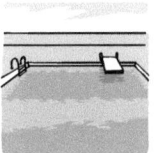

swimming pool

ujula

mosque

mošee

farm
talu

pollution
reostus

cemetery
surnuaed

church
kirik

playground
mänguväljak

temple
tempel

landscape
maastik

signpost
teeviit

path
tee

meadow
aas

stone
kivi

hiker
matkaja

tree
puu

river
jõgi

grass
rohi

flower
lill

valley

org

hill

mägi

lake

järv

forest

mets

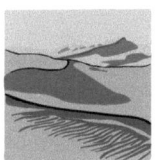

desert

kõrb

volcano

vulkaan

castle

linnus

rainbow

vikerkaar

mushroom

seen

palm tree

palm

mosquito

sääsk

fly

kärbes

ant

sipelgas

bee

mesilane

spider

ämblik

landscape - maastik

beetle

mardikas

frog

konn

squirrel

orav

hedgehog

siil

hare

jänes

owl

öökull

bird

lind

swan

luik

boar

metssiga

deer

hirv

moose

põder

dam

pais

wind turbine

tuuleturbiin

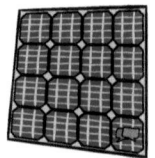

solar panel

päikesepaneel

climate

kliima

waiter
kelner

menu
menüü

chair
tool

soup
supp

pizza
pitsa

tablecloth
laudlina

cutlery
söögiriistad

starter
eelroog

main course
pearoog

dessert
magustoit

drinks
joogid

food
toit

bottle
pudel

fast food
kiirtoit

street food
tänavatoit

teapot
teekann

sugar bowl
suhkrutoos

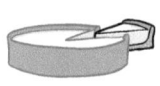

portion
portsjon

espresso machine
espressomasin

high chair
lastetool

bill
arve

tray
kandik

knife
nuga

fork
kahvel

spoon
lusikas

teaspoon
teelusikas

serviette
salvrätik

glass
klaas

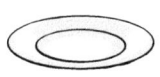

plate

taldrik

soup plate

supitaldrik

saucer

alustass

sauce

kaste

salt shaker

soolatoos

pepper mill

pipraveski

vinegar

äädikas

oil

õli

spices

vürtsid

ketchup

ketšup

mustard

sinep

mayonnaise

majonees

supermarket

supermarket

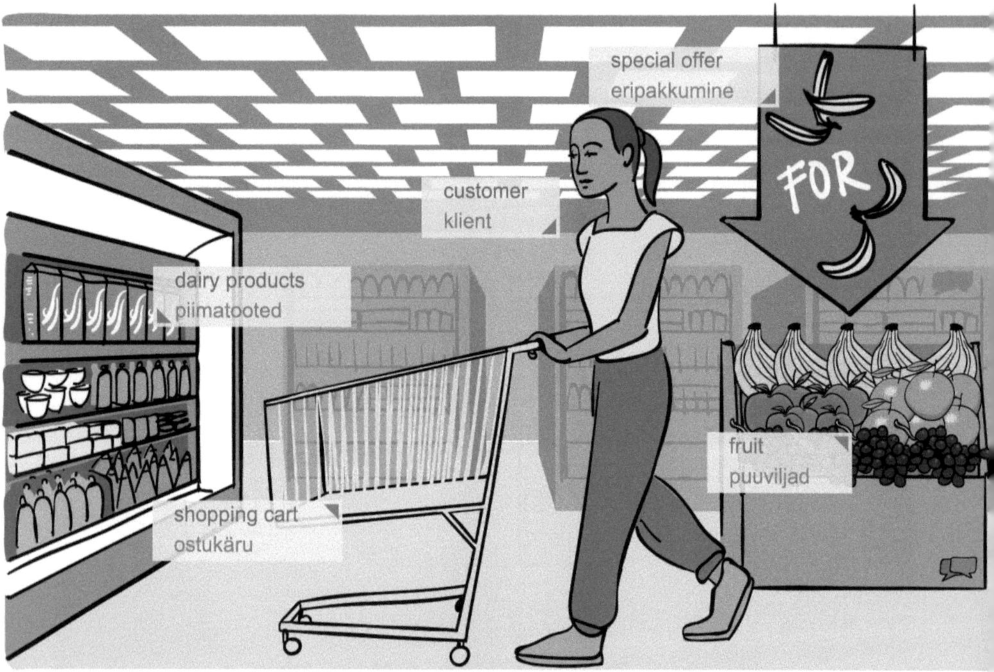
special offer
eripakkumine
FOR
customer
klient
dairy products
piimatooted
fruit
puuviljad
shopping cart
ostukäru

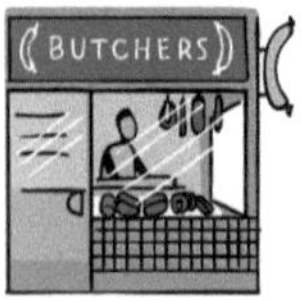

butcher's shop

lihapood

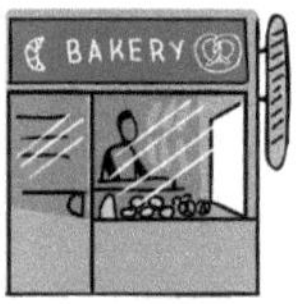

bakery

pagariäri

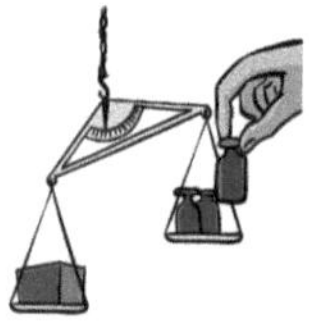

weigh

kaaluma

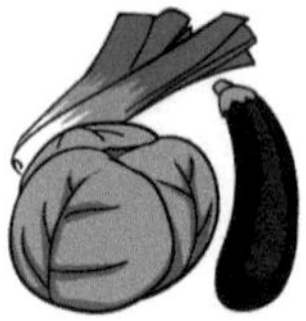

vegetables

köögiviljad

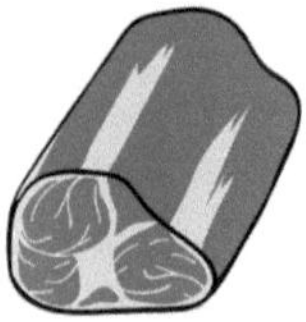

meat

liha

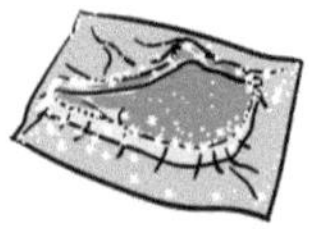

frozen food

külmutatud toit

cold cuts
lihalõigud

canned food
konservid

detergent
pesupulber

candy
maiustused

household products
majatarbed

cleaning products
puhastustooted

sales representative
müüja

cash register
kassaaparaat

cashier
kassapidaja

shopping list
ostunimekiri

opening hours
lahtiolekuajad

wallet
rahakott

credit card
krediitkaart

bag
kott

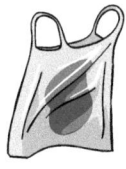

plastic bag
kilekott

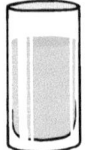

water

vesi

juice

mahl

milk

piim

coke

koola

wine

vein

beer

õlu

alcohol

alkohol

cocoa

kakao

tea

tee

coffee

kohv

espresso

espresso

cappuccino

cappuccino

banana

banaan

apple

õun

orange

apelsin

melon

arbuus

lemon

sidrun

carrot

porgand

garlic

küüslauk

bamboo

bambus

onion

sibul

mushroom

seen

nuts

pähklid

noodles

nuudlid

spaghetti

spagetid

rice

riis

salad

salat

fries

friikartulid

fried potatoes

praekartulid

pizza

pitsa

hamburger

hamburger

sandwich

võileib

escalope

šnitsel

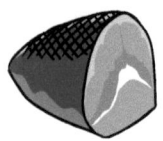

ham

sink

salami

salaami

sausage

vorst

chicken

kana

roast

praeliha

fish

kala

porridge oats

kaerahelbed

muesli

müsli

cornflakes

maisihelbed

flour

jahu

croissant

sarvesai

bread roll

kukkel

bread

leib

toast

röstsai

cookies

küpsised

butter

või

curd

kohupiim

cake

kook

egg

muna

fried egg

praemuna

cheese

juust

ice cream

jäätis

sugar

suhkur

honey

mesi

jelly

moos

nougat cream

pähklivõie

curry

karri

goat

kits

cow

lehm

calf

vasikas

pig

siga

piglet

põrsas

bull

pull

farm - talu

27

goose

hani

duck

part

chick

tibu

hen

kana

cockerel

kukk

rat

rott

cat

kass

mouse

hiir

ox

härg

dog

koer

dog house

koerakuut

garden hose

aiavoolik

watering can

kastekann

scythe

vikat

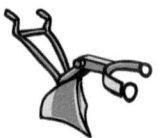

plow

ader

sickle

sirp

hoe

kõblas

pitchfork

hang

axe

kirves

pushcart

käru

trough

küna

milk can

piimanõu

sack

kott

fence

tara

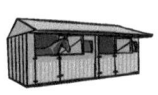

stable

tall

greenhouse

kasvuhoone

soil

muld

seed

seeme

fertilizer

väetis

combine harvester

kombain

harvest

saaki koristama

harvest

saagikoristus

yams

jamss

wheat

nisu

soya

soja

potato

kartul

corn

mais

rapeseed

raps

fruit tree

viljapuu

manioc

maniokk

grain

teravili

house
maja

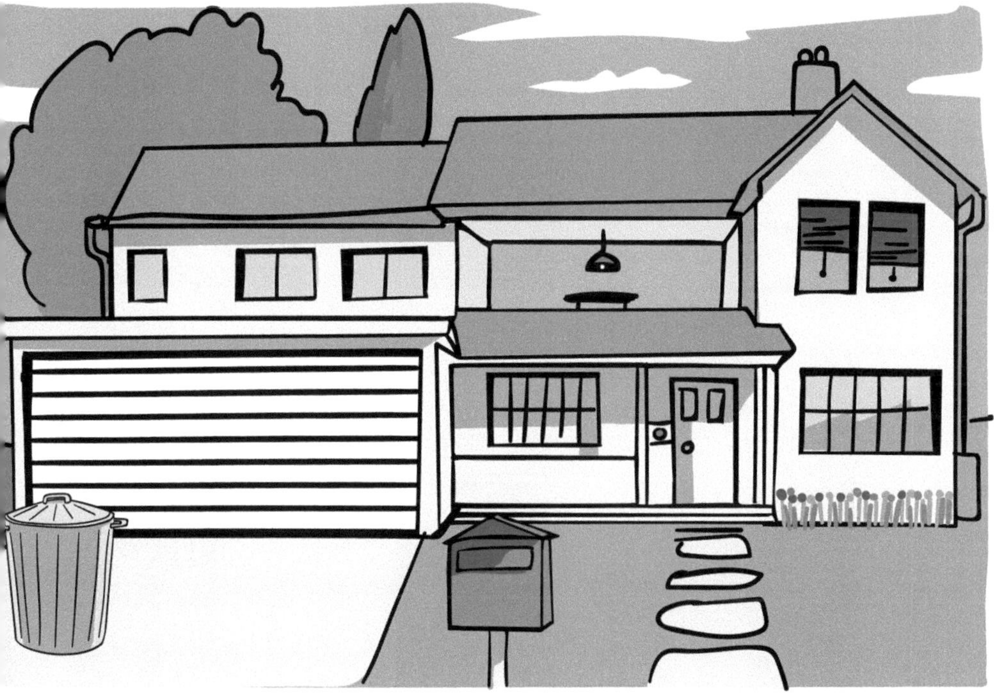

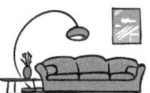

living room

elutuba

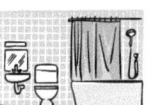

bathroom

vannituba

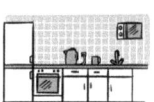

kitchen

köök

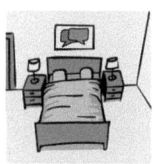

bedroom

magamistuba

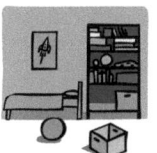

kids room

lastetuba

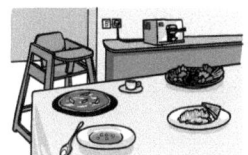

dining room

söögituba

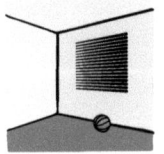

floor

põrand

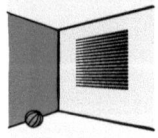

wall

sein

ceiling

lagi

cellar

kelder

sauna

saun

balcony

rõdu

terrace

terrass

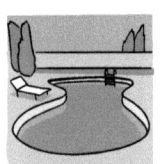

pool

bassein

lawn mower

muruniiduk

sheet

voodilina

bedspread

päevatekk

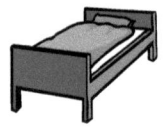

bed

voodi

broom

luud

bucket

ämber

switch

lüliti

carpet

vaip

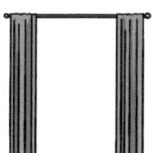

drape

kardin

table

laud

chair

tool

rocking chair

kiiktool

armchair

tugitool

book

raamat

blanket

tekk

decoration

kaunistus

firewood

küttepuud

film

film

stereo system

helisüsteem

key

võti

newspaper

ajaleht

painting

maal

poster

plakat

radio

raadio

notebook

märkmik

vacuum cleaner

tolmuimeja

cactus

kaktus

candle

küünal

kitchen
köök

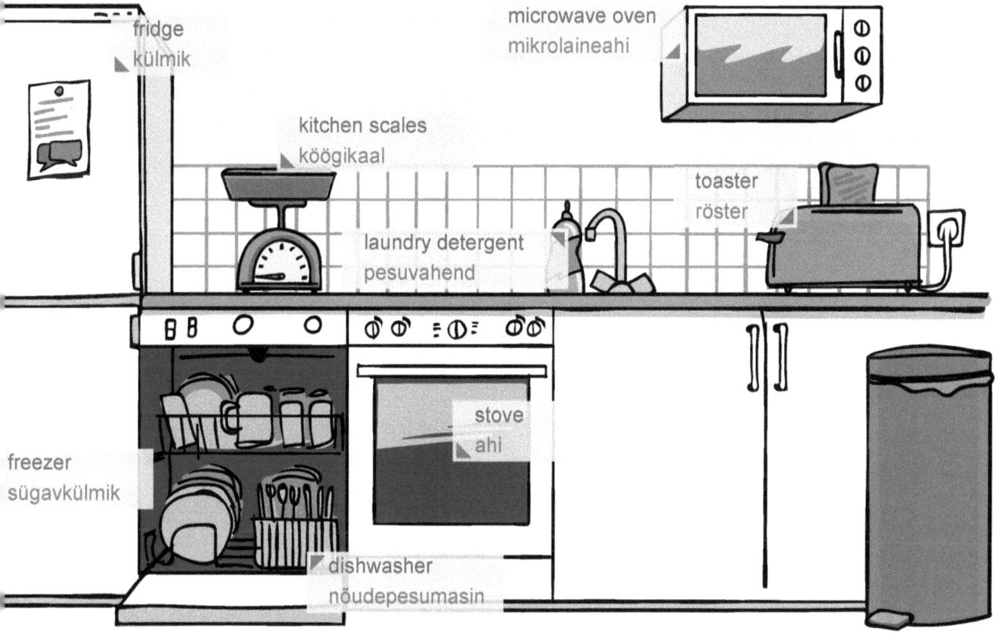

fridge
külmik
microwave oven
mikrolaineahi
kitchen scales
köögikaal
toaster
röster
laundry detergent
pesuvahend
stove
ahi
freezer
sügavkülmik
dishwasher
nõudepesumasin

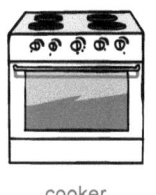

cooker

pliit

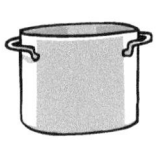

pot

pott

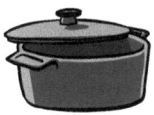

cast-iron pot

malmpott

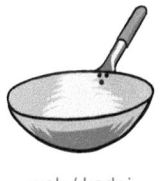

wok / kadai

vokkpann

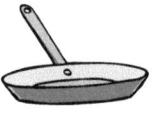

pan

pann

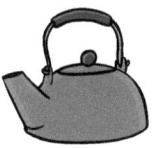

kettle

veekeetja

steamer

aurutaja

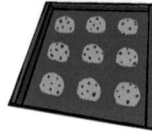

baking tray

küpsetusplaat

crockery

lauanõud

mug

kruus

bowl

kauss

chopsticks

söögipulgad

ladle

kulp

spatula

pannilabidas

whisk

vispel

strainer

kurn

sieve

sõel

grater

riiv

mortar

uhmer

barbecue

grill

fireplace

lahtine tuli

chopping board

lõikelaud

rolling pin

tainarull

corkscrew

korgitser

can

konservipurk

can opener

konserviavaja

oven cloth

pajakinnas

sink

kraanikauss

brush

hari

sponge

pesukäsn

blender

kannmikser

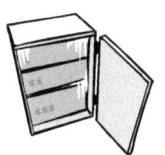

deep freezer

sügavkülmuti

baby bottle

lutipudel

tap

segisti

bathroom
vannituba

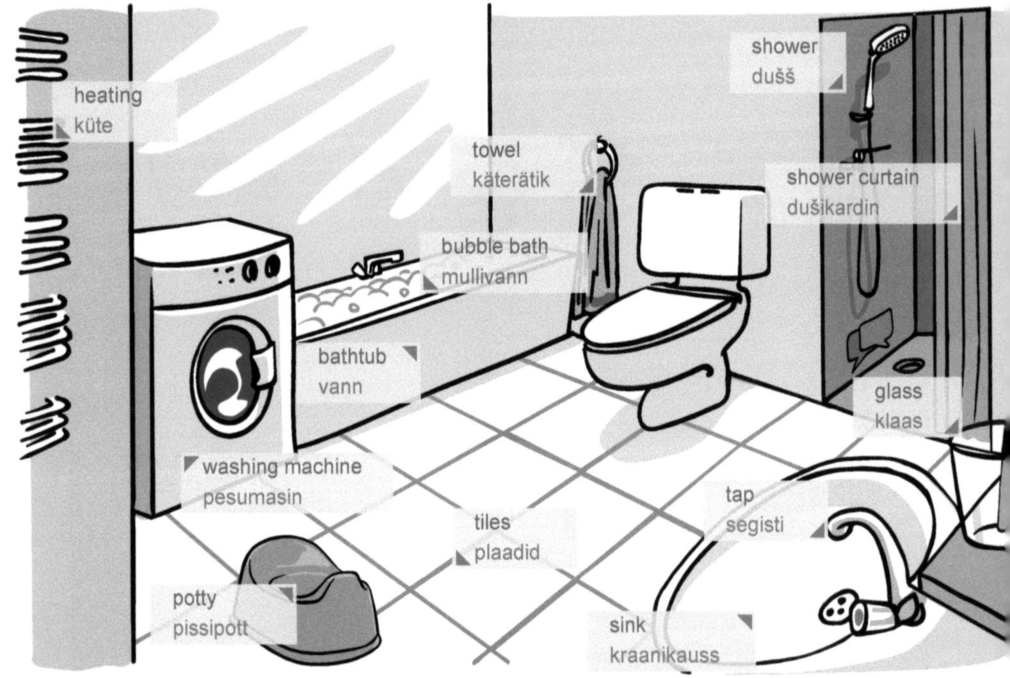
heating
küte
shower
dušš
towel
käterätik
shower curtain
dušikardin
bubble bath
mullivann
bathtub
vann
glass
klaas
washing machine
pesumasin
tap
segisti
tiles
plaadid
potty
pissipott
sink
kraanikauss

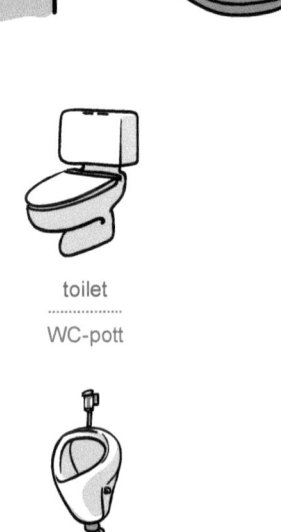

toilet

WC-pott

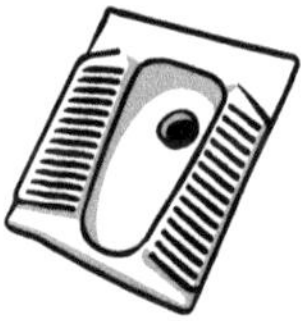

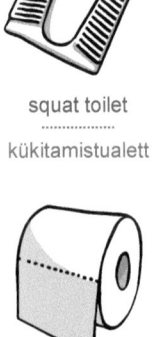

squat toilet

kükitamistualett

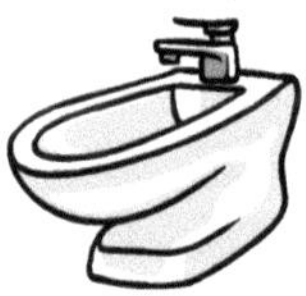

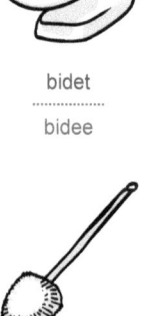

bidet

bidee

urinal

pissuaar

toilet paper

tualettpaber

toilet brush

WC-hari

toothbrush

hambahari

toothpaste

hambapasta

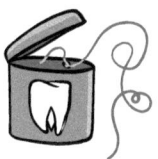

dental floss

hambaniit

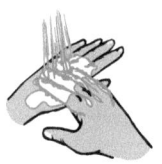

wash

pesema

hand shower

käsidušš

douche

intiimdušš

basin

pesukauss

back brush

seljahari

soap

seep

shower gel

dušigeel

shampoo

šampoon

flannel

vamm

drain

äravool

creme

kreem

deodorant

deodorant

mirror	hand mirror	razor
peegel	käsipeegel	habemenuga

shaving foam	aftershave	comb
raseerimisvaht	habemevesi	kamm

brush	hair-dryer	hairspray
hari	föön	juukselakk

makeup	lipstick	nail varnish
meigikomplekt	huulepulk	küünelakk

cotton wool	nail scissors	perfume
vatt	küünekäärid	parfüüm

bathroom - vannituba

washbag

tualett-tarvete kott

stool

taburet

weighing scales

kaal

bathrobe

hommikumantel

rubber gloves

kummikindad

tampon

tampoon

sanitary towel

hügieeniside

chemical toilet

keemiline tualett

kids room
lastetuba

alarm clock
äratuskell
cuddly toy
pehme mänguasi
toy car
mänguauto
rattle
kõristi
doll's house
nukumaja
present
kingitus

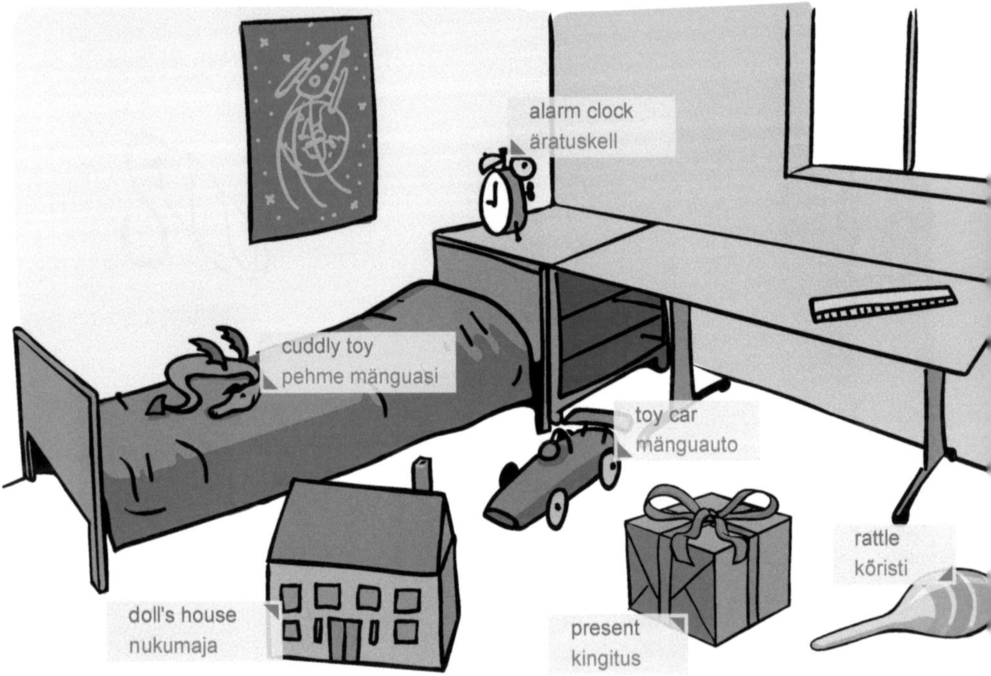

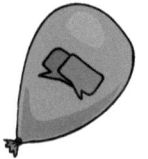

balloon

õhupall

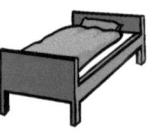

bed

voodi

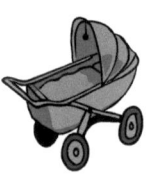

stroller

lapsevanker

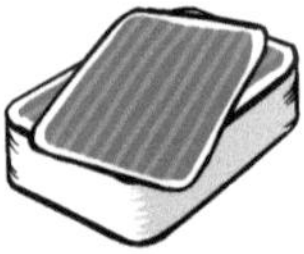

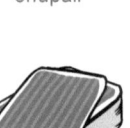

deck of cards

kaardipakk

jigsaw

pusle

SUPER
MEGA

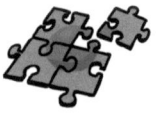

comic

koomiks

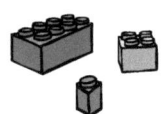

lego bricks

Lego klotsid

toy blocks

klotsid

action figure

kujuke

romper suit

siputuspüksid

frisbee

lendav taldrik

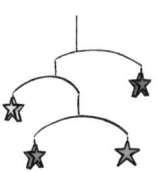

mobile

voodikarussell

board game

lauamäng

dice

täringud

model train set

mudelrong

pacifier

lutt

party

pidu

picture book

pildiraamat

ball

pall

doll

nukk

play

mängima

sandpit

liivakast

swing

kiik

toys

mänguasjad

video game console

mängukonsool

tricycle

kolmerattaline jalgratas

teddy bear

mängukaru

wardrobe

riidekapp

clothing

riietus

socks

sokid

stockings

sukad

tights

sukkpüksid

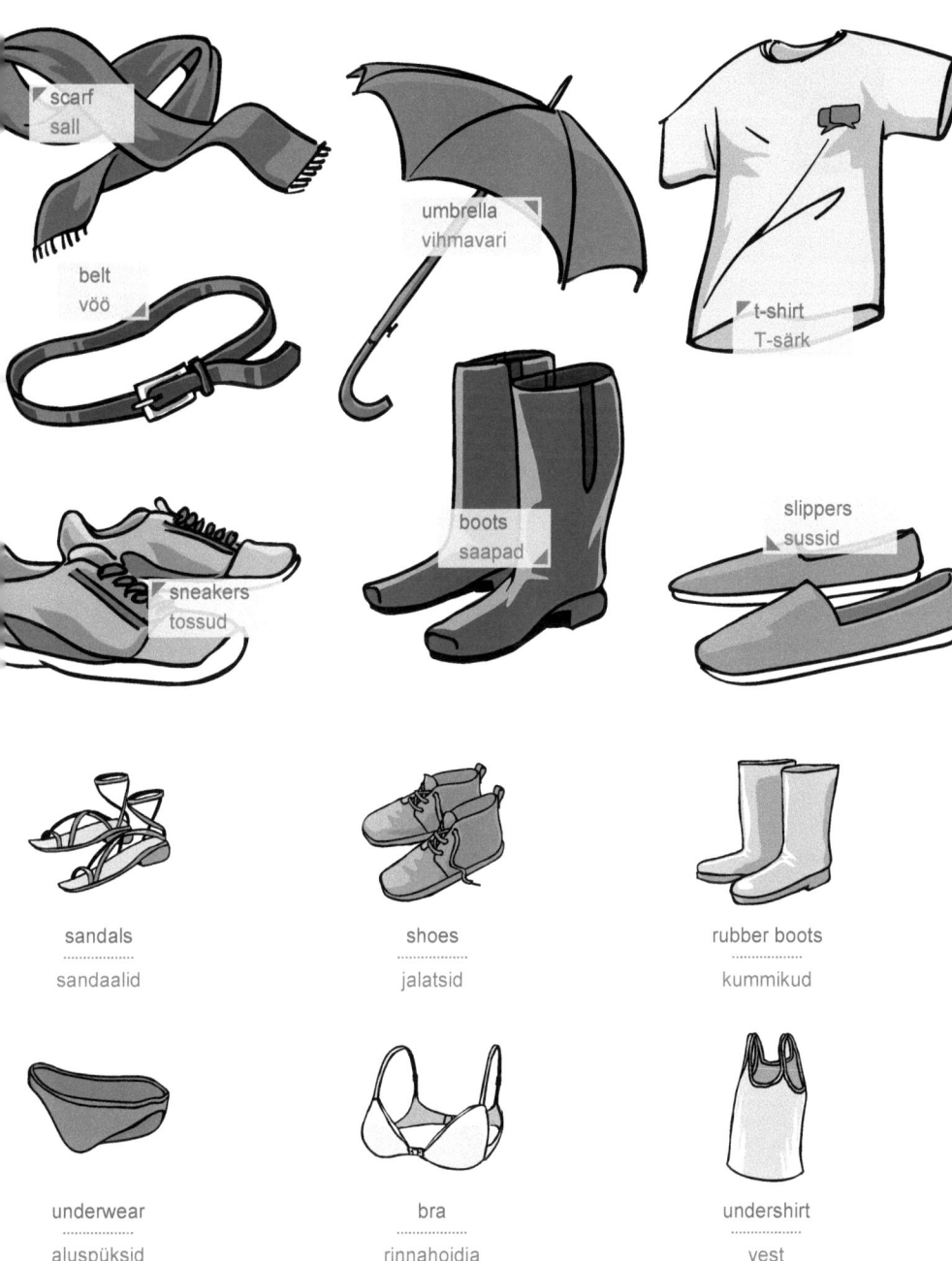

scarf
sall

umbrella
vihmavari

t-shirt
T-särk

belt
vöö

boots
saapad

slippers
sussid

sneakers
tossud

sandals
sandaalid

shoes
jalatsid

rubber boots
kummikud

underwear
aluspüksid

bra
rinnahoidja

undershirt
vest

clothing - riietus

45

body

bodi

pants

püksid

jeans

teksapüksid

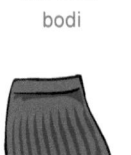

skirt

seelik

blouse

pluus

shirt

särk

pullover

sviiter

sweater

dressipluus

blazer

bleiser

jacket

jakk

coat

mantel

raincoat

vihmamantel

costume

kostüüm

dress

kleit

wedding dress

pulmakleit

suit
ülikond

nightgown
öösärk

pajamas
pidžaama

sari
sari

headscarf
pearätt

turban
turban

burka
burka

kaftan
kaftan

abaya
abayah

swimsuit
ujumistrikoo

trunks
ujumispüksid

shorts
lühikesed püksid

tracksuit
dressid

apron
põll

gloves
kindad

button

nööp

glasses

prillid

bracelet

käevõru

necklace

kaelakee

ring

sõrmus

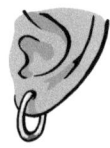

earring

kõrvarõngas

cap

nokamüts

coat hanger

riidepuu

hat

kaabu

tie

lips

zip

tõmblukk

helmet

kiiver

braces

traksid

school uniform

koolivorm

uniform

vormirõivad

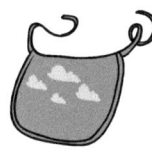

bib

pudipõll

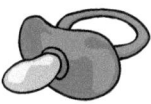

pacifier

lutt

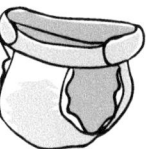

diaper

mähe

office
kontor

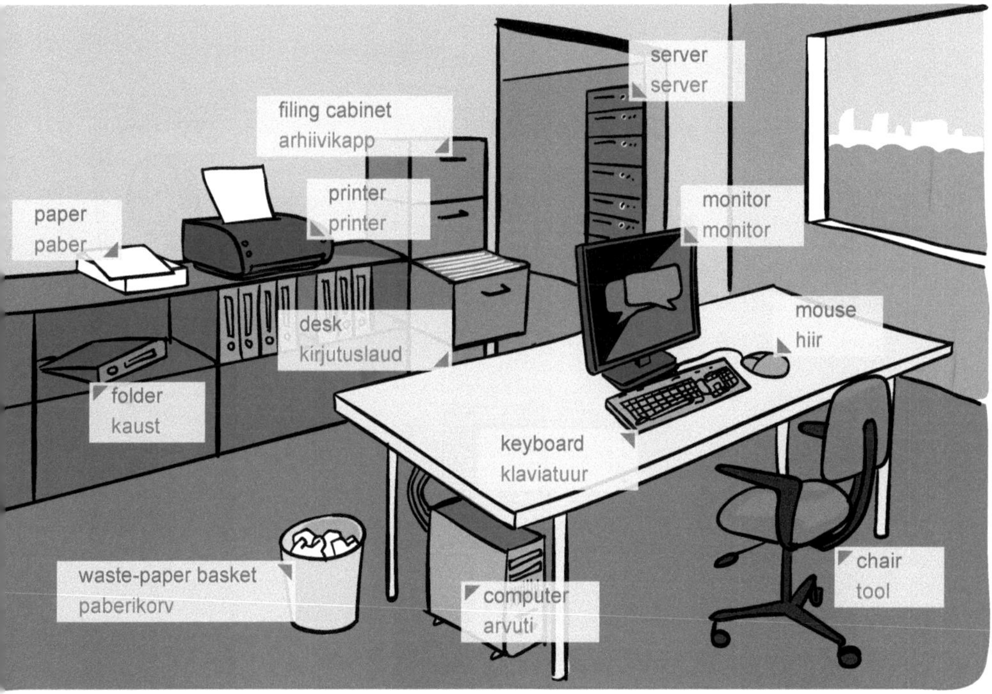

server
server
filing cabinet
arhiivikapp
printer
printer
paper
paber
monitor
monitor
mouse
hiir
desk
kirjutuslaud
folder
kaust
keyboard
klaviatuur
waste-paper basket
paberikorv
computer
arvuti
chair
tool

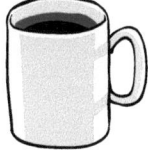

coffee mug

kohvikruus

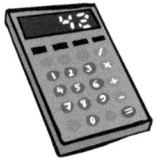

calculator

kalkulaator

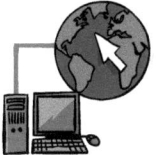

internet

internet

laptop

sülearvuti

letter

kiri

message

sõnum

cell phone

mobiiltelefon

network

võrk

photocopier

koopiamasin

software

tarkvara

telephone

telefon

plug socket

pistikupesa

fax machine

faksimasin

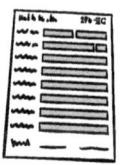

form

vorm

document

dokument

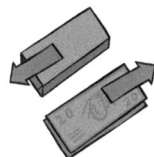

buy

ostma

pay

maksma

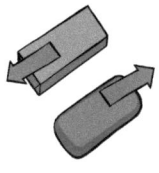

trade

vahetama

money

raha

dollar

dollar

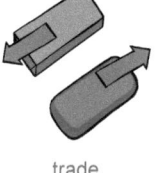

euro

euro

yen

jeen

rouble

rubla

Swiss franc

Šveitsi frank

renminbi yuan

renminbi jüaan

rupee

ruupia

cash point

sularahaautomaat

currency exchange office

valuutavahetuspunkt

gold

kuld

silver

hõbe

oil

nafta

energy

energia

price

hind

contract

leping

tax

maks

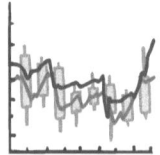

stock

aktsia

work

töötama

employee

töötaja

employer

tööandja

factory

tehas

shop

kauplus

occupations
ametid

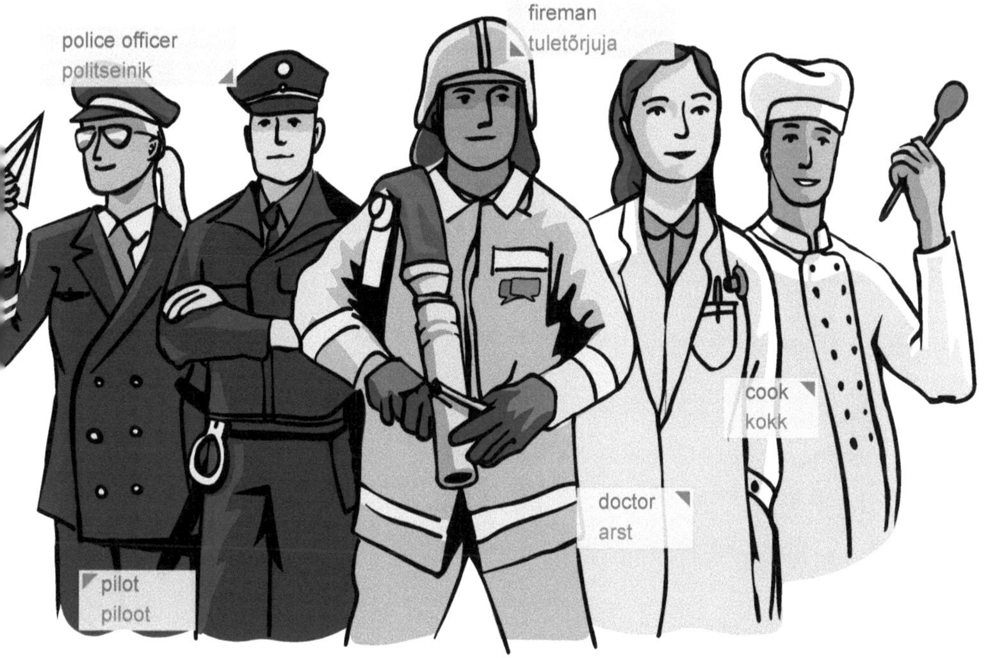
fireman
tuletõrjuja
police officer
politseinik
cook
kokk
doctor
arst
pilot
piloot

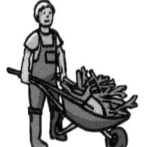

gardener

aednik

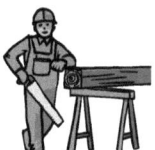

carpenter

puusepp

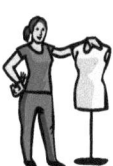

seamstress

õmbleja

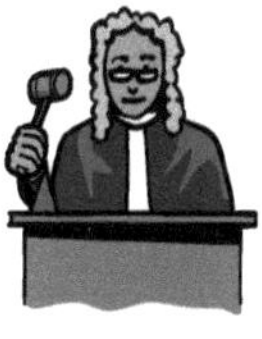

judge

kohtunik

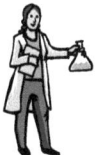

chemist

keemik

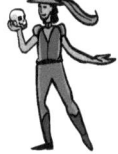

actor

näitleja

bus driver

bussijuht

taxi driver

taksojuht

fisherman

kalamees

cleaning lady

koristaja

roofer

katusepaigaldaja

waiter

kelner

hunter

jahimees

painter

maaler

baker

pagar

electrician

elektrik

builder

ehitaja

engineer

insener

butcher

lihunik

plumber

torumees

postman

postiljon

soldier

sõdur

architect

arhitekt

cashier

kassapidaja

florist

lillemüüja

hairdresser

juuksur

conductor

piletikontrolör

mechanic

mehaanik

captain

kapten

dentist

hambaarst

scientist

teadlane

rabbi

rabi

imam

imaam

monk

munk

pastor

preester

tools
tööriistad

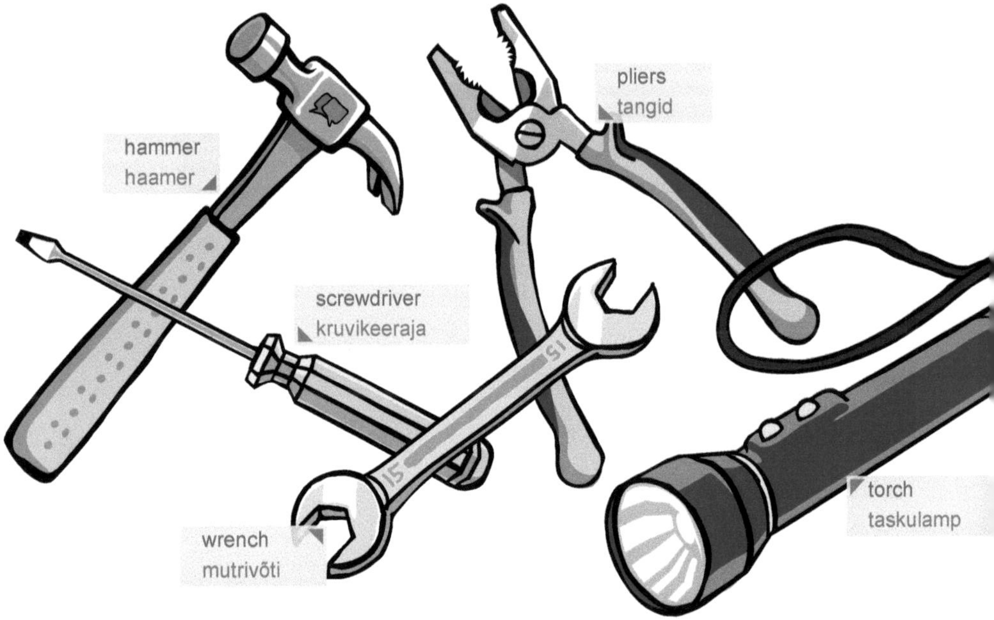
hammer
haamer
pliers
tangid
screwdriver
kruvikeeraja
wrench
mutrivõti
torch
taskulamp

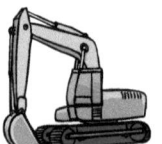

excavator

ekskavaator

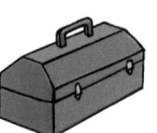

toolbox

tööriistakast

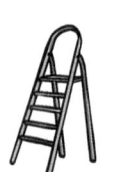

ladder

redel

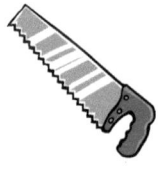

saw

saag

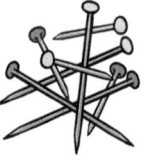

nails

naelad

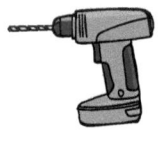

drill

trell

repair	shovel	Damn!
parandama	labidas	Põrgusse!

dustpan	paint can	screws
kühvel	värvipott	kruvid

musical instruments
pillid

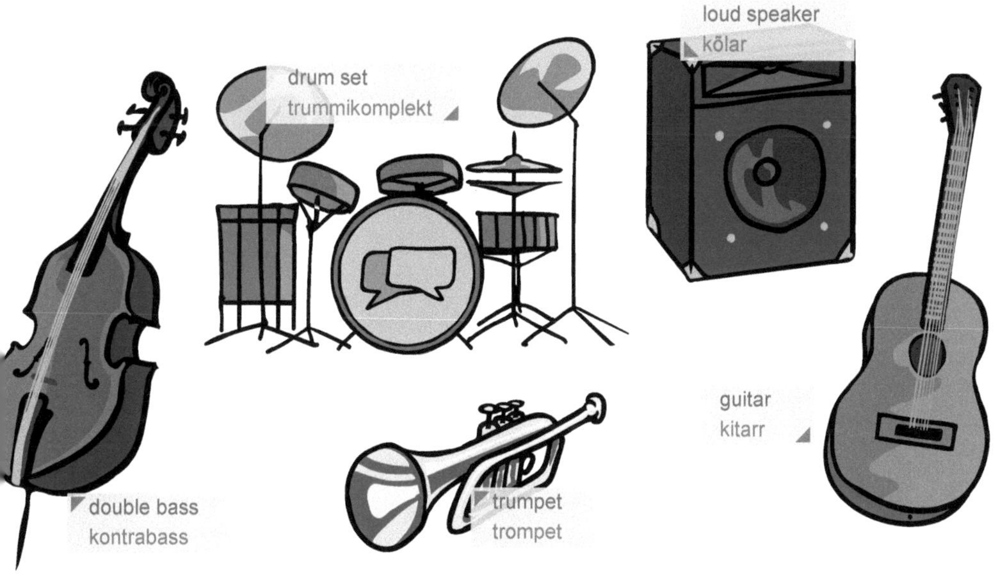

drum set
trummikomplekt

loud speaker
kõlar

guitar
kitarr

double bass
kontrabass

trumpet
trompet

piano

klaver

violin

viiul

bass

bass

timpani

timpan

drums

trummid

keyboard

süntesaator

saxophone

saksofon

flute

flööt

microphone

mikrofon

loomaaed

tiger
tiiger

cage
puur

zebra
sebra

animal feed
loomasööt

entrance
sissepääs

panda
panda

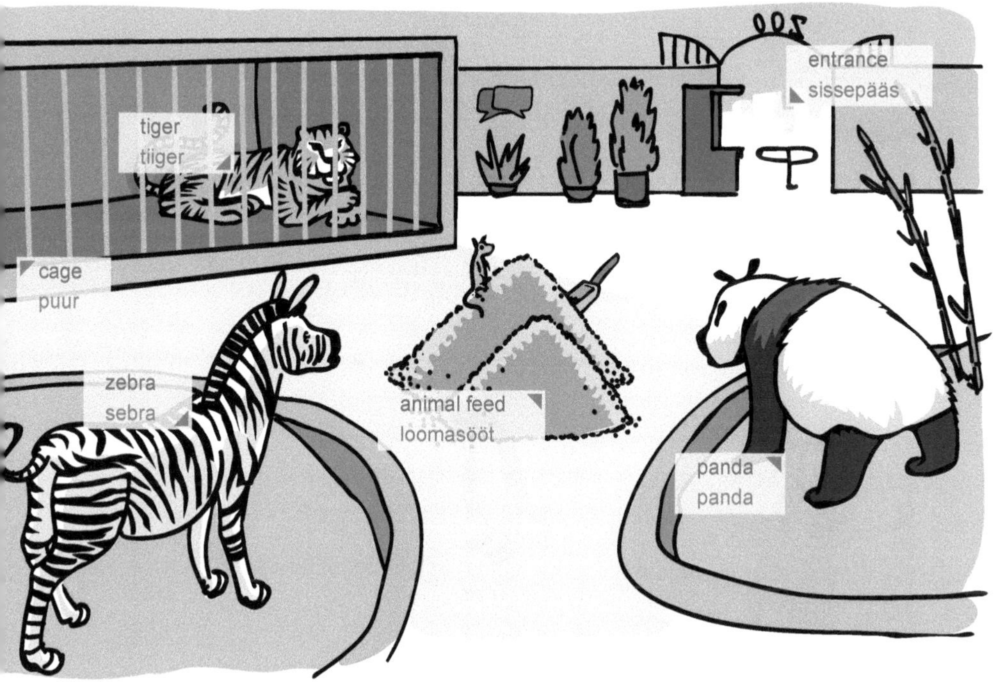

animals
loomad

elephant
elevant

kangaroo
känguru

rhino
ninasarvik

gorilla
gorilla

bear
karu

camel

kaamel

ostrich

jaanalind

lion

lõvi

monkey

ahv

flamingo

flamingo

parrot

papagoi

polar bear

jääkaru

penguin

pingviin

shark

hai

peacock

paabulind

snake

madu

crocodile

krokodill

zookeeper

loomaaiatalitaja

seal

hüljes

jaguar

jaaguar

pony
poni

leopard
leopard

hippo
jõehobu

giraffe
kaelkirjak

eagle
kotkas

boar
metssiga

fish
kala

turtle
kilpkonn

walrus
morsk

fox
rebane

gazelle
gasell

American football
Ameerika jalgpall

cycling
jalgrattasõit

tennis
tennis

basketball
korvpall

swimming
ujumine

ice hockey
jäähoki

boxing
poksimine

soccer

jalgpall

badminton

sulgpall

athletics

kergejõustik

handball

käsipall

skiing

suusatamine

polo

polo

activities
tegevused

laugh
naerma
jump
hüppama
hug
kallistama
walk
jalutama
sing
laulma
dream
unistama
pray
palvetama
kiss
suudlema

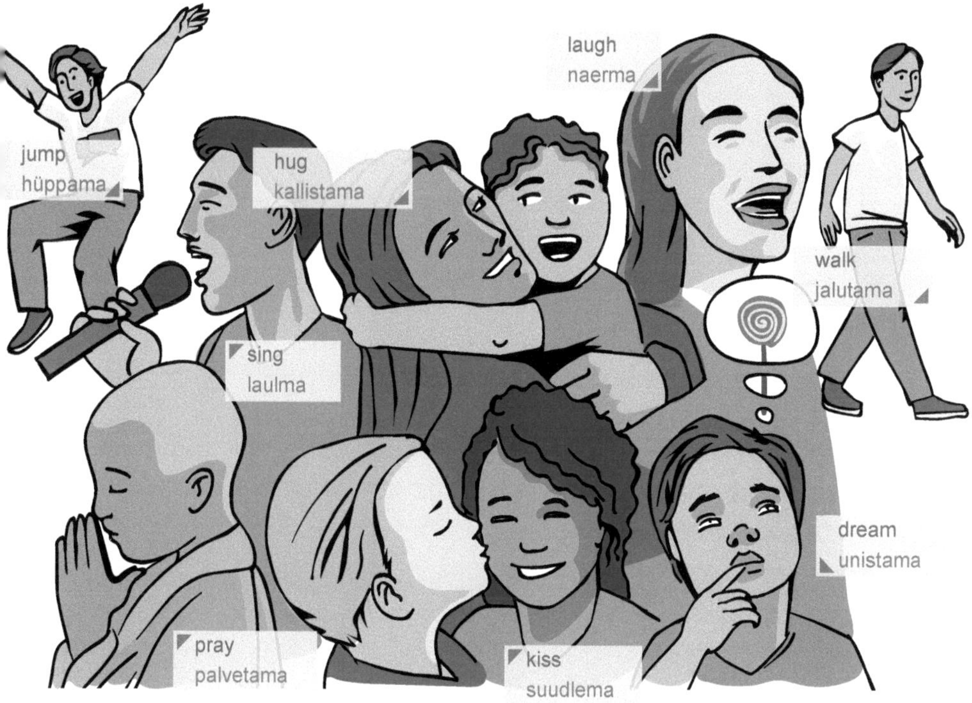

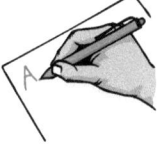

write

kirjutama

draw

joonistama

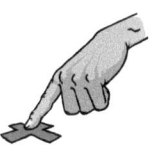

show

näitama

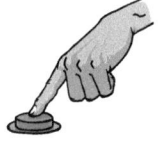

push

lükkama

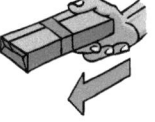

give

andma

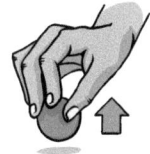

take

võtma

have

omama

do

tegema

be

olema

stand

seisma

run

jooksma

pull

tõmbama

throw

viskama

fall

kukkuma

lie

lamama

wait

ootama

carry

kandma

sit

istuma

get dressed

riidesse panema

sleep

magama

wake up

ärkama

look at

vaatama

cry

nutma

stroke

paitama

comb

kammima

talk

rääkima

understand

aru saama

ask

küsima

listen

kuulama

drink

jooma

eat

sööma

tidy up

korrastama

love

armastama

cook

süüa tegema

drive

sõitma

fly

lendama

sail

purjetama

calculate

arvutama

read

lugema

learn

õppima

work

töötama

marry

abielluma

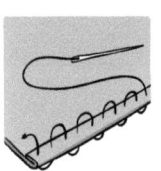

sew

õmblema

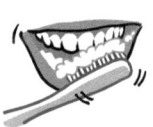

brush teeth

hambaid pesema

kill

tapma

smoke

suitsetama

send

saatma

family
perekond

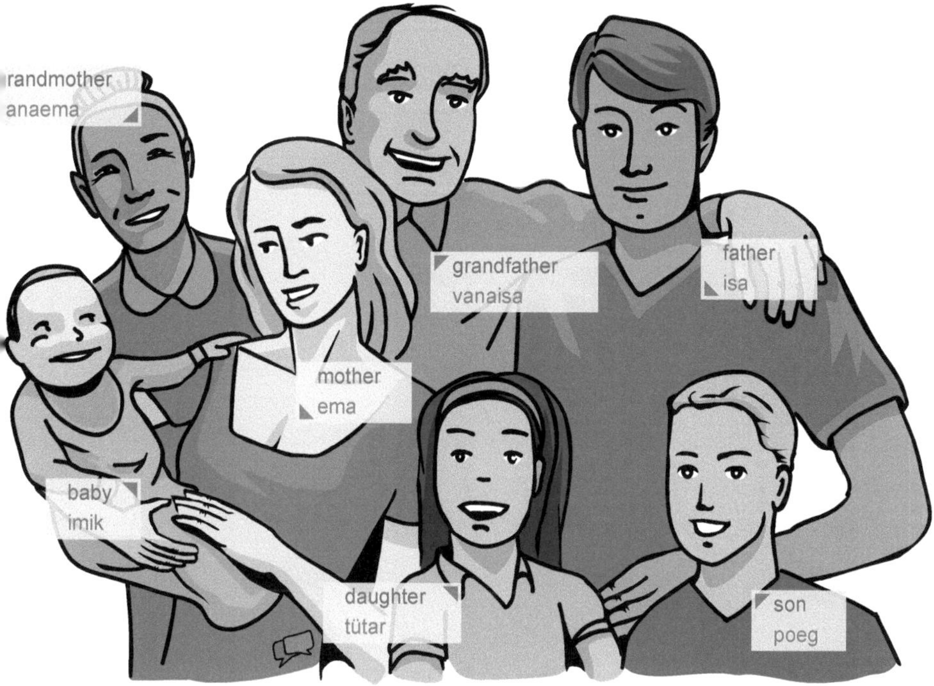

randmother
anaema
grandfather
vanaisa
father
isa
mother
ema
baby
imik
daughter
tütar
son
poeg

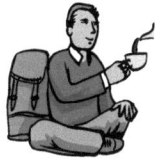

guest

külaline

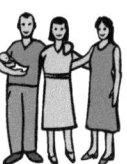

aunt

tädi

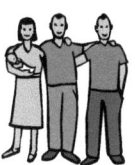

uncle

onu

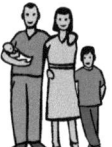

brother

vend

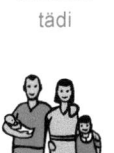

sister

õde

body
keha

forehead
otsmik
eye
silm
shoulder
õlg
finger
sõrm
face
nägu
chin
lõug
hand
käsi
leg
jalg
breast
rind
arm
käsivars

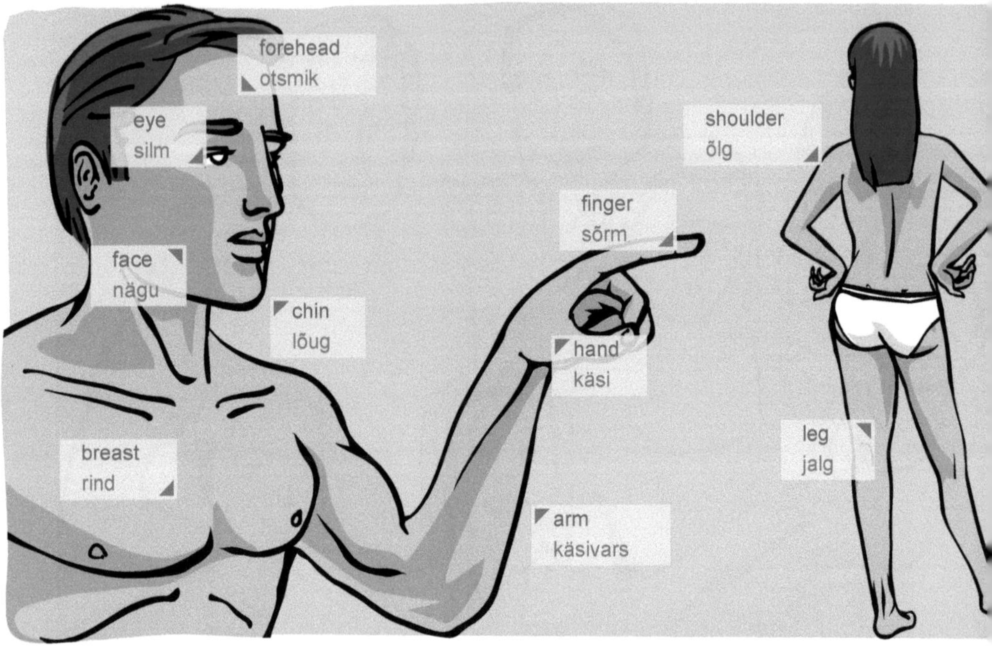

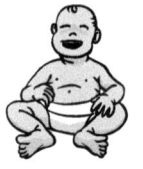

baby
imik

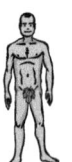

man
mees

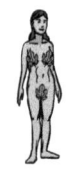

woman
naine

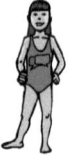

girl
tüdruk

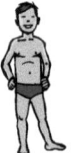

boy
poiss

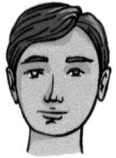

head
pea

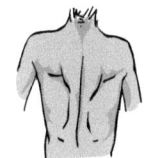

back

selg

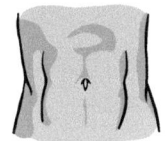

belly

kõht

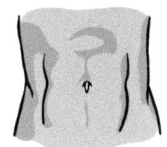

navel

naba

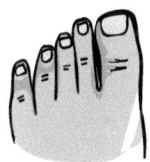

toe

varvas

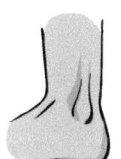

heel

kand

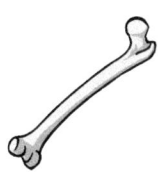

bone

luu

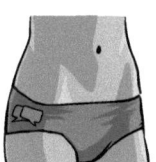

hip

puus

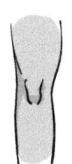

knee

põlv

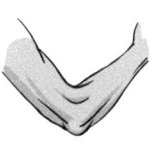

elbow

küünarnukk

nose

nina

buttocks

tagumik

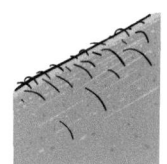

skin

nahk

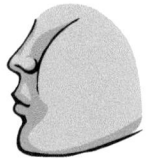

cheek

põsk

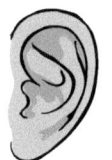

ear

kõrv

lip

huuled

body - keha

mouth

suu

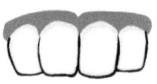

tooth

hammas

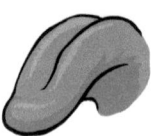

tongue

keel

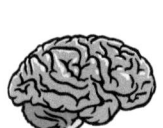

brain

aju

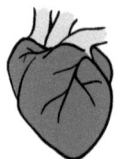

heart

süda

muscle

lihas

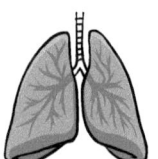

lung

kops

liver

maks

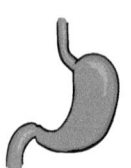

stomach

magu

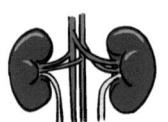

kidneys

neerud

sex

seksuaalvahekord

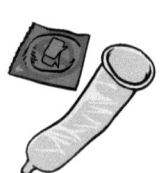

condom

kondoom

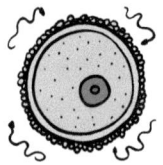

ovum

munarakk

semen

sperma

pregnancy

rasedus

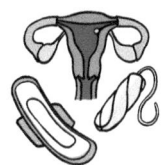

menstruation

menstruatsioon

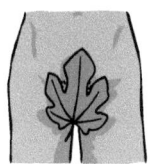

vagina

vagiina

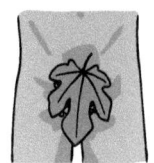

penis

peenis

eyebrow

kulm

hair

juuksed

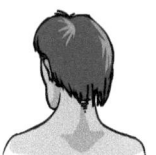

neck

kael

hospital
haigla

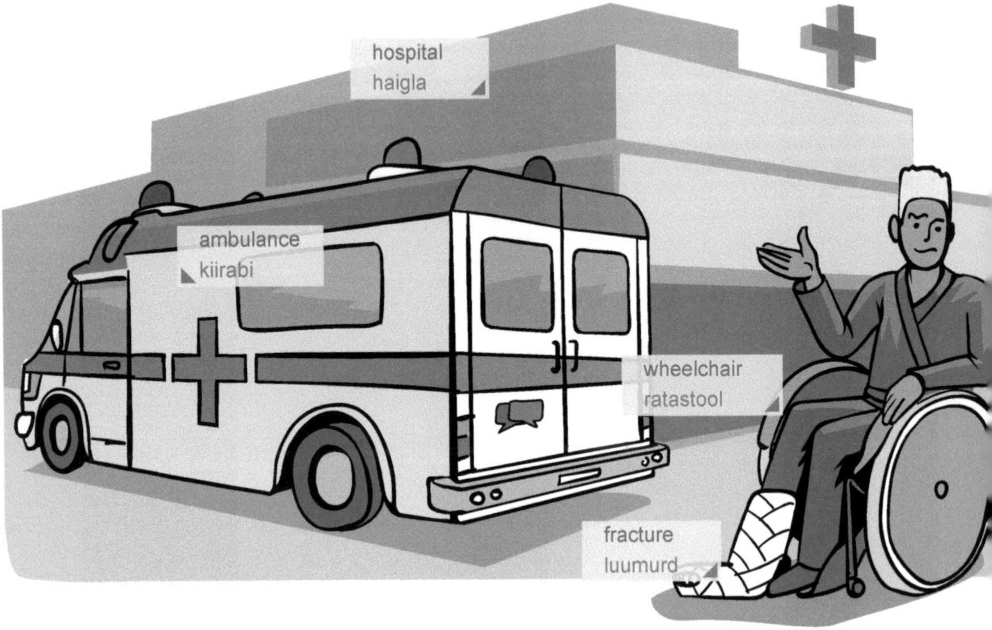

hospital
haigla
ambulance
kiirabi
wheelchair
ratastool
fracture
luumurd

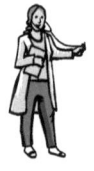

doctor

arst

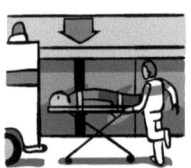

emergency room

traumapunkt

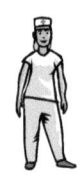

nurse

meditsiiniõde

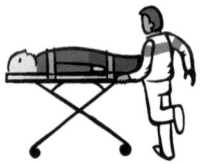

emergency

hädaolukord

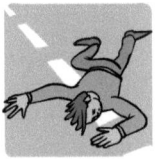

unconscious

teadvuseta

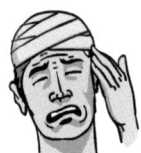

pain

valu

injury

vigastus

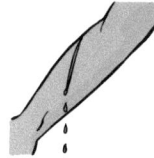

bleeding

verejooks

heart attack

südamerabandus

stroke

insult

allergy

allergia

cough

köha

fever

palavik

flu

gripp

diarrhea

kõhulahtisus

headache

peavalu

cancer

vähk

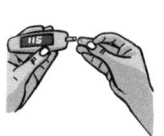

diabetes

diabeet

surgeon

kirurg

scalpel

skalpell

operation

operatsioon

CT

KT

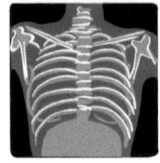

x-ray

röntgen

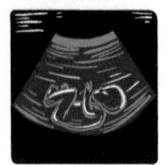

ultrasound

ultraheli

face mask

mask

disease

haigus

waiting room

ooteruum

crutch

kark

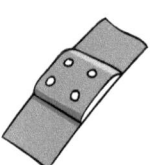

plaster

kips

bandage

side

injection

süst

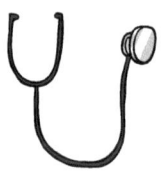

stethoscope

stetoskoop

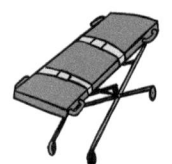

stretcher

kanderaam

clinical thermometer

kraadiklaas

birth

sünd

overweight

ülekaaluline

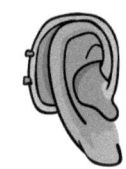

hearing aid

kuuldeaparaat

disinfectant

desinfektsioonivahend

infection

põletik

virus

viirus

HIV / AIDS

HIV / AIDS

medicine

meditsiin

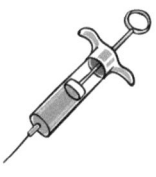

vaccination

vaktsineerimine

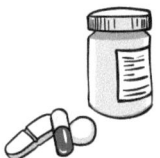

tablets

tabletid

pill

pill

emergency call

hädaabikõne

blood pressure monitor

vererõhuaparaat

ill / healthy

haige / terve

Help!	alarm	assault
Appi!	häire	kallaletung

attack	danger	emergency exit
rünnak	oht	avariiväljapääs

Fire!	fire extinguisher	accident
Tulekahju!	tulekustuti	õnnetus
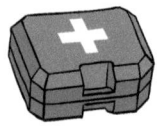		
first-aid kit	SOS	police
esmaabikomplekt	SOS	politsei

Europe

Euroopa

North America

Põhja-Ameerika

South America

Lõuna-Ameerika

Africa

Aafrika

Asia

Aasia

Australia

Austraalia

Atlantic

Atlandi ookean

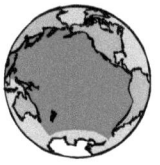

Pacific

Vaikne ookean

Indian Ocean

India ookean

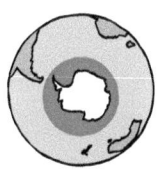

Antarctic Ocean

Lõuna-Jäämeri

Arctic Ocean

Põhja-Jäämeri

North pole

põhjapoolus

South pole

lõunapoolus

Antarctica

Antarktika

earth

Maa

land

maismaa

sea

meri

island

saar

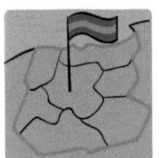

nation

rahvus

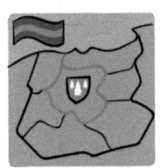

state

riik

clock face

sihverplaat

hour hand

tunniosuti

minute hand

minutiosuti

second hand

sekundiosuti

What time is it?

Mis kell on?

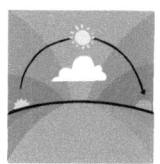

day

päev

time

aeg

now

praegu

digital watch

digitaalne kell

minute

minut

hour

tund

week

nädal

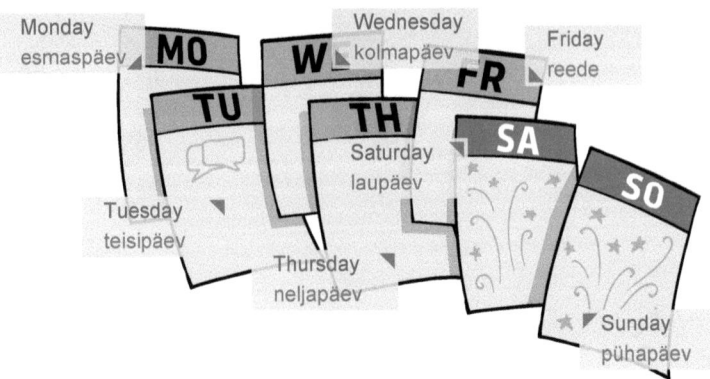

Monday
esmaspäev

Wednesday
kolmapäev

Friday
reede

Tuesday
teisipäev

Thursday
neljapäev

Saturday
laupäev

Sunday
pühapäev

yesterday

eile

today

täna

tomorrow

homme

morning

hommik

noon

lõuna

evening

õhtu

workdays

tööpäevad

weekend

nädalavahetus

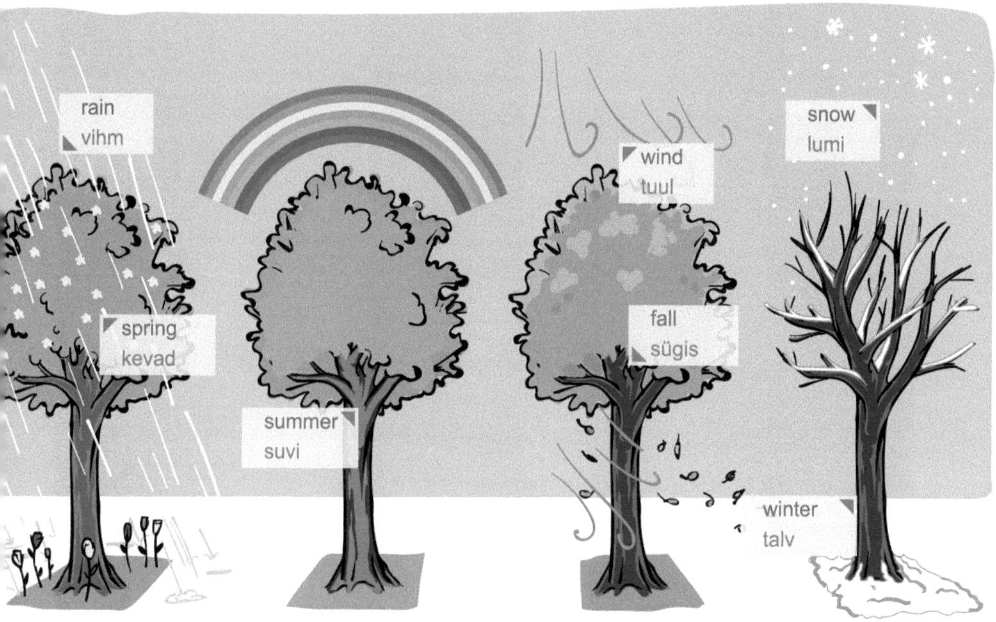

rain
vihm
snow
lumi
wind
tuul
spring
kevad
fall
sügis
summer
suvi
winter
talv

4.APRIL 11°
5.APRIL 4°
6.APRIL 13°
7.APRIL 8°
8.APRIL 10°

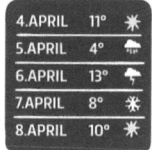

weather forecast

ilmaennustus

F
C
120
90
60
30
0
-30
40
30
20
10
0
-10
-20

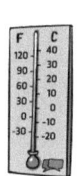

thermometer

termomeeter

sunshine

päikesepaiste

cloud

pilv

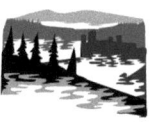

fog

udu

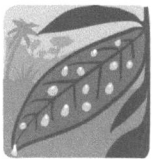

humidity

niiskus

lightning

pikne

thunder

kõu

storm

torm

hail

rahe

monsoon

mussoon

flood

üleujutus

ice

jää

January

jaanuar

February

veebruar

March

märts

April

aprill

May

mai

June

juuni

July

juuli

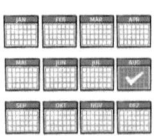

August

august

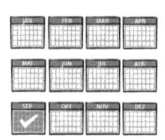

September
....
september

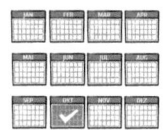

October
....
oktoober

November
....
november

December
....
detsember

circle
....
ring

square
....
ruut

rectangle
....
nelinurk

triangle
....
kolmnurk

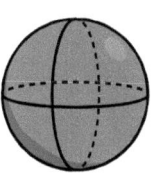

sphere
....
kera

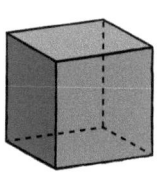

cube
....
kuup

white
valge

yellow
kollane

orange
oranž

pink
roosa

red
punane

purple
lilla

blue
sinine

green
roheline

brown
pruun

gray
hall

black
must

a lot / a little

palju / vähe

angry / calm

vihane / rahulik

beautiful / ugly

ilus / inetu

beginning / end

algus / lõpp

big / small

suur / väike

bright / dark

hele / tume

brother / sister

vend / õde

clean / dirty

puhas / must

complete / incomplete

täielik / puudulik

day / night

päev / öö

dead / alive

surnud / elus

wide / narrow

lai / kitsas

edible / inedible

söödav / mittesöödav

evil / kind

kuri / sõbralik

excited / bored

põnevil / tüdinud

fat / thin

paks / peenike

first / last

esimene / viimane

friend / enemy

sõber / vaenlane

full / empty

täis / tühi

hard / soft

kõva / pehme

heavy / light

raske / kerge

hunger / thirst

nälg / janu

ill / healthy

haige / terve

illegal / legal

ebaseaduslik / seaduslik

intelligent / stupid

tark / rumal

left / right

vasak / parem

near / far

lähedal / kaugel

new / used
uus / kasutatud

nothing / something
mitte midagi / midagi

old / young
vana / noor

on / off
sees / väljas

open / closed
lahti / kinni

quiet / loud
vaikne / vali

rich / poor
rikas / vaene

right / wrong
õige / vale

rough / smooth
kare / sile

sad / happy
kurb / rõõmus

short / long
lühike / pikk

slow / fast
aeglane / kiire

wet / dry
märg / kuiv

warm / cool
soe / jahe

war / peace
sõda / rahu

0

zero

null

1

one

üks

2

two

kaks

3

three

kolm

4

four

neli

5

five

viis

6

six

kuus

7

seven

seitse

8

eight

kaheksa

9

nine

üheksa

10

ten

kümme

11

eleven

üksteist

12

twelve

kaksteist

13

thirteen

kolmteist

14

fourteen

neliteist

15

fifteen

viisteist

16

sixteen

kuusteist

17

seventeen

seitseteist

18

eighteen

kaheksateist

19

nineteen

üheksateist

20

twenty

kakskümmend

100

hundred

sada

1.000

thousand

tuhat

1.000.000

million

miljon

English

inglise

American English

Ameerika inglise

Chinese Mandarin

mandariini

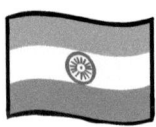

Hindi

hindi

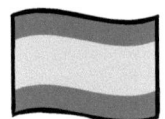

Spanish

hispaania

French

prantsuse

Arabic

araabia

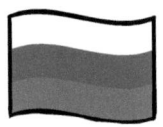

Russian

vene

Portuguese

portugali

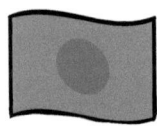

Bengali

bengali

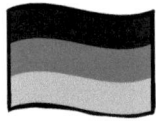

German

saksa

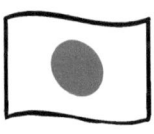

Japanese

jaapani

I

mina

you

sina

he / she / it

tema

we

meie

you

teie

they

nemad

who?

kes?

what?

mis?

how?

kuidas?

where?

kus?

when?

millal?

name

nimi

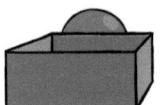

behind

taga

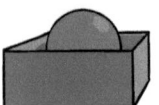

in

sees

in front of

ees

over

kohal

on

peal

under

all

beside

kõrval

between

vahel

place

koht